RELATION HISTORIQUE

DES OBSÈQUES

DE MANUEL,

ANCIEN DÉPUTÉ DE LA VENDÉE.

———

BRUXELLES,

CHEZ TOUS LES LIBRAIRES.

———

1827

RELATION HISTORIQUE

DES OBSÈQUES

DE MANUEL,

DÉPUTÉ DE LA VENDÉE.

M. Manuel est mort lundi 20 août, à cinq heures et demie du soir, à Maisons, chez M. Lafitte, son ami après avoir supporté avec une rare constance des douleurs intolérables pour tout autre que lui. L'attaque de la maladie ancienne et mortelle sous laquelle il a succombé, a été si violente qu'on a reconnu d'abord l'impossibilité de le ramener à Paris. Le lendemain de sa mort, M. Lafitte écrivit au préfet de police, et demanda l'autorisation de transporter les restes de Manuel à son domicile, rue des Martyrs, pour lui rendre les derniers devoirs. Il sollicita une prompte décision, afin que l'autopsie et une foule d'autres dispositions pussent se faire à Paris, où elles étaient plus faciles qu'à cinq lieues de distances, et afin aussi que l'inhumation n'éprouvât point de retard.

Le chef de bureau auquel cette lettre fut remise considéra la demande qui y était faite comme si simple, qu'il expédia sur-le-champ l'autorisation sollicitée, et la fit porter à la signature de M. le préfet de police. Ce magistrat, au lieu de signer l'autorisation, appela le chef de bureau dans son cabinet; et celui-ci, au retour de la conférence avec M. le préfet, demanda à l'envoyé de M. Lafitte si la municipalité de Maisons avait permis la translation du corps.

Cette permission qu'on avait probablement obtenue fut présentée au chef de bureau qui alla la montrer au préfet de police. Il fit répondre de sa part que le corps n'étant pas à Paris, et Maisons se trouvant dans le département de Seine-et-Oise, il fallait s'adresser à M. le préfet de Versailles. La réponse était évasive : et dans le fait, l'autorité haineuse qui avait poursuivie Manuel vivant, le poursuivait encore après sa mort. Elle ne voulait point que ses funérailles traversassent Paris, craignant que la perte de ce généreux citoyen n'amenât une triste mais solennelle manifestation de regrets et d'opinion publique.

Surpris d'un pareil détour, dont il devinait les motifs, M. Lafitte renvoya la même personne pour dire au préfet de police que si les difficultés opposées à sa demande n'étaient qu'un prétexte pour empêcher le convoi d'entrer dans Paris, il proposait que le cortége se rendit directement au cimetière du Père-Lachaise en suivant les boulevards extérieurs. Cette proposition fut accueillie avec empressement. Le soir même du mardi, un gendarme apporta à M. Lafitte une ordonnance qui permettait la translation et prescrivait, d'après les réglements, la manière dont elle devait être faite. Un seul article ne pouvait pas être exécuté, c'était celui qui exigeait que l'inhumation eût lieu le lendemain mercredi, et que la cérémonie funèbre fût complètement terminée avant deux heures.

M. Lafitte se rendit à huit heures du soir chez le préfet de police pour lui soumettre ses observations à cet égard. Reçu aussitôt et avec les plus grands égards, il exposa à ce magistrat l'impossibilité dans laquelle on était de se conformer à ses ordres. Il allégua que l'autopsie ne se faisait que le lendemain mercredi : que la bière en plomb ne serait prête, et que plusieurs mesures sanitaires ne pourraient être complétées que le jeudi : que le frère de M. Manuel avait fait imprimer et distribuer les billets, en indiquant le convoi pour vendredi : que lui, M. Lafitte, devait respecter la douleur d'un frère et n'avait pas le droit de contrarier ses intentions. M. Lafitte pria donc le préfet de police de modifier son ordonnance, et il se retira avec l'espoir que la translation du corps serait fixée au vendredi comme il l'avait demandé.

'M. le préfet de police avait donné des marques d'hésitation, mais il avait témoigné de la bienveillance à M. Lafitte, et il ne semblait pas vouloir mettre obstacle aux obsèques. Seulement il paraissait craindre un immense concours et des dispositions turbulentes, et il avait prié M. Lafitte d'interposer, en cas de besoin, son influence pour maintenir l'ordre. M. Lafitte avait cherché à dissiper ses craintes en répondant que son intervention ne serait pas nécessaire ; que les amis et les nombreux admirateurs de M. Manuel ne penseraient pas qu'on pût mieux honorer ce grand citoyen, au convoi duquel il voudrait appeler la France entière, que par le calme d'une religieuse douleur. M. Delavau parut satisfait, et M. Lafitte crut avoir réussi, mais son attente fut trompée.

Le lendemain, mercredi, vers les huit heures du matin, l'ordonnance lui fut renvoyée. Au lieu du vendredi, jour désigné par les parents de M. Manuel, l'autorité fixa irrévocablement la cérémonie au jeudi. Contrarié par une précipitation sans motif, choqué de ce que des citoyens honorables ne pouvaient obtenir de l'autorité l'exercice d'un droit qui n'a encore été refusé à personne dans aucun pays, M. Lafitte, faisant ce que ne pouvait faire le frère de M. Manuel qui était éloigné et abîmé de douleur, écrivit à M. Delavau pour lui exprimer ses justes plaintes et son irrémédiable embarras. Il lui rappela dans cette lettre tout ce qui ne permettait pas d'achever les funérailles de M. Manuel avant vendredi : il ajouta que toutes les dispositions avaient été prises en conséquence, et ne pouvaient être changées : qu'il ne voyait aucun inconvénient à garder un jour de plus un corps embaumé : que d'ailleurs, le terrain pour la sépulture, que le convoi n'était pas encore préparé. M. Lafitte demandait si la France était réduite à ce que d'aussi tristes devoirs fussent commandés par corvée à des parents et à des amis. Il répétait que le silence et le recueillement étant ce qui convenait à une aussi lugubre cérémonie, il ne doutait point que tout ne se passât d'une manière décente et conforme aux plus sévères réglements, qu'il n'aurait aucun effort à faire pour cela, et que cependant, si la nécessité l'exigeait ainsi, il employerait toute son influence pour prévenir le moindre désordre. M. Lafitte, en faisant cette démarche, renouvelait sa précédente déclaration relativement au jour du convoi, et finissait par déclarer que le corps partirait vendredi à huit heures du matin de Maisons, et se trouverait vers midi sur les boulevards extérieurs, parce qu'il était impossible qu'il en fût autrement ; qu'on laisserait passer le convoi en paix ou qu'on se ferait repousser, et que ce qui pourrait arriver alors n'était plus sous sa responsabilité.

La lettre fut portée au préfet de police, qui se rendit enfin à ces observations, et qui permit de renvoyer les funérailles au vendredi. Dans cette circonstance, l'autorité qui avait poussé la rigueur au point d'interdir aux restes d'un citoyen l'entrée de sa maison, l'autorité qui, conservant après la mort de Manuel ses animosités envers lui, n'avait voulu ni qu'on lui donnât dans les journaux des témoignages de respect et de regrets, ni qu'on n'y annonçât le lieu et l'heure où les citoyens se rassembleraient pieusement pour l'honorer une dernière fois, l'autorité a montré poutant une sorte de condescendance dont il faut du moins lui savoir gré.

Vendredi, à 9 heures précises du matin, le cortége s'est donc mis en marche de Maisons. Il était composé du frère de Manuel, de quelques-uns de ses parents, de MM. Lafitte, Bérenger, Mignet, Thiers, Tissot, et de quelques autres de ses plus intimes amis qui sont restés auprès de lui pendant toute sa maladie. M. Manuel menait le ducil. Les domestiques de M. Lafitte et les jeunes paysans de Maisons que la douceur et la bonté de Manuel avaient tous attachés à lui, ont voulu aider ses amis à porter son corps à bras. Ils étaient suivis d'autres habitants du village, tous remplis d'affliction, et dont plus de trente ont accompagné le cortége jusqu'au cimetière du Père-

Lachaise. A quelque distance de Maisons, on a placé le corps dans la voiture de voyage, et la route s'est faite silencieusement et sans trouble : quelques gendarmes étaient disséminés de loin en loin. A chaque village, les petites populations réunies sur le passage du convoi exprimaient leurs regrets par la tristesse de leur attitude et de leurs regards. On eût dit qu'elles connaissaient aussi toutes les rares qualités de celui que la France venait de perdre.

Le cortége arriva peu avant midi à la barrière du Roule, où l'attendaient les voitures d'un grand nombre d'amis de Manuel. Il s'avança lentement par les boulevards extérieurs, grossi à chaque pas par ceux qui venaient en foule au-devant lui. Depuis onze heures plusieurs ateliers et plusieurs magasins avaient été fermés dans le quartier marchand en signe de deuil. Des citoyens de tout âge et de tous rangs, des étudiants, des marchands, des ouvriers, s'acheminaient vers le boulevard extérieur par la rue des Martyrs, où ils saluaient avec respect en passant la modeste demeure de Manuel. Ils attendaient avec émotion en dehors de la barrière et sur la chaussée qu'ils remplissaient, le corps de cet intrépide défenseur de leurs droits pour lui rendre un dernier et digne hommage. La multitude était immense à ce lieu de réunion que n'avaient pu empêcher de connaître ni le silence des journaux censurés, ni les précautions haineuses du pouvoir.

Quand le cortége pénétra au milieu de cette foule, elle fut agitée d'un sentiment plus vif que celui du recueillement. La bouillante et généreuse jeunesse, transportée par un mouvement de douloureux enthousiasme, entoura la voiture de poste, en enleva le cercueil, et voulut le porter à bras. On se pressa autour du corps, on monta sur le corbillard vide pour y attacher des couronnes, en criant : *Honneur à Manuel, honneur au digne défenseur de nos droits !* Les gendarmes tirèrent alors leurs sabres et se mirent en travers de la chaussée pour empêcher la marche du convoi. La confusion devint très-grande ; la foule s'irrita en voyant les armes tirées et la gendarmerie s'opposer à ce qu'elle rendit à Manuel cet honneur inoffensif. On pensait, d'ailleurs, que le réglement qui défendait de porter à bras n'était applicable que dans l'intérieur de la ville et ne devait point l'être hors des barrières. Aux acclamations de respect, se mêlèrent donc des cris de colère, et l'on entendit de tous côtés : *Point de sabres ! point de sabres !* Il était difficile au milieu de ce tumulte d'obtenir ou des jeunes gens qu'ils posassent le corps sur le char funèbre, ou des gendarmes qu'ils le laissassent passer porté de cette façon.

Le frère de Manuel, malgré son émotion, et les amis qui l'entouraient, mirent leurs efforts à tempérer cet enthousiasme, et à faire observer le réglement de police. Ils parvinrent avec peine à être entendus : ils rappelèrent que l'ordonnance qui défend de porter à bras un cercueil devait être exécutée, quoique le convoi eût lieu hors de l'enceinte de Paris; que la famille s'y était soumise, et qu'en y déférant, les amis de Manuel trouveraient une occasion de lui rendre un hommage plus calme et plus imposant. Ils obtinrent ainsi que le corps fût placé sur le char funèbre. Mais croyant alors que le réglement était observé en entier, les jeunes gens du cortége coupèrent les traits du corbillard, en ôtèrent les chevaux et le traînèrent eux-mêmes. Le commissaire de police, le détachement de gendarmes qui s'étaient opposés au passage, et un officier d'état-major qui commandait cette force armée, consentirent à cet arrangement. Ils avaient les intentions les meilleures et les plus conciliantes. Cette gendarmerie, qui était composée de brigades du département, qui n'étaient point accoutumées, comme la gendarmerie de Paris, à des charges dans les rues contre des citoyens désarmés, paraissait animée de dispositions pacifiques.

Le corbillard qui venait de recevoir le cercueil était surmonté d'une couronne de chêne tressée avec une bandelette de laine rouge. Celui qui l'avait placée sur le panache le plus élevé du char funèbre, s'était écrié : *Immortelle reconnaissance du peuple !* On apercevait aussi sur le cercueil une autre couronne de chêne qui portait cette inscription : *Les citoyens de Grenoble à M. Manuel, le* 12 *mars !* C'était la même qui lui avait été offerte en 1823, lors de son expulsion triomphale de la chambre des députés : on y avait déposé aussi la couronne et le rameau d'or que lui avaient donnés, à la même époque, comme récompense patriotique, la ville de Lyon et la ville de Tours. Avant que le char funèbre orné de ces décorations populaires se mît en marche, le sergent Mercier, qui avait montré un courage si rare en France, dans la séance du 4 mars, déposa sur sa bière la couronne civique que lui offrit alors la garde nationale, en disant : « Cette couronne lui appartient » autant qu'à moi ; car si j'ai montré quelque éner-

» gie, c'est lui qui m'avait donné l'exemple du cou-
» rage. »

Couvert des ces glorieux insignes, le char funèbre s'est ébranlé vers une heure. Le cortége a pris alors sa marche avec ordre, et il est devenu réellement digne de cette grande solennité : il s'est divisé en deux colonnes qui bordaient la chaussée, sur le milieu de laquelle s'avançait le char, précédé par les voitures de M. Lafitte et du général Lafayette. Tous ceux qui assistaient à cette cérémonie patriotique étaient animés de l'énergie la plus grande et de l'émotion la plus vraie. On eût dit que la force de cette belle âme était entrée dans tous les cœurs. Le silence n'était interrompu que par les cris : *Honneur à Manuel! à Lafayette! à Béranger!* On était heureux de confondre dans les mêmes témoignages de reconnaissance et de respect, Manuel et ceux qu'une communauté de patriotisme et de courage avait liés avec lui d'une glorieuse amitié.

Le cortége marcha ainsi pendant plus d'une heure et demie dans le plus grand ordre. Il ne rencontra aucun obstacle jusqu'à la barrière de Ménilmontant. Le char funèbre, traîné lentement mais sans coufusion, était suivi d'une longue file de voitures. Deux immenses colonnes de plus de vingt mille personnes l'escortaient sur la chaussée. Un nombre presqu'égal de citoyens remplissait les allées latérales. Le cortége grossissait à chaque barrière où une foule considérable de spectateurs ôtaient silencieusement leurs chapeaux à son passage. Ce spectacle était touchant, et la douleur n'empêchait pas de le trouver magnifique. L'autorité ne se montrait nulle part, la cérémonie funèbre approchait de sa fin, les cœurs étaient satisfaits de voir une grande journée se terminer sans trouble, et de ce qu'aucune profanation de la force n'était venue troubler la paix des funérailles.

On s'avançait dans ces dispositions, lorsqu'en débouchant sur le boulevard qui aboutit à la barrière de Ménilmontant, on aperçoit deux escadrons de gendarmes rangés en bataille, barrant le chemin et flanqués de deux compagnies de gendarmes à pied. Au milieu des sabres et des baïonnettes paraissait un nouveau char funéraire attelé de quatre chevaux. Depuis qu'on était en marche, on voyait, en passant devant les barrières, un corps nombreux de la gendarmerie de Paris qui longeait le cortége par une route intérieure qu'on appelle le Chemin de ronde. C'est ce corps de gendarmerie qui s'était mis en bataille sur la chaussée. Il venait de recevoir de la préfecture de police l'ordre de ne pas permettre que cette cérémonie sacrée et jusque là si calme s'accomplit aussi pacifiquement ; il devait transporter le cercueil de Manuel sur un char attelé, et si l'exécution de cet ordre turbulent éprouvait des obstacles, la force devait être déployée. Quoique le cercueil fût sur le corbillard, le corbillard était traîné par ceux qui n'avaient pu porter le cercueil, et pour cette grave désobéissance à ses réglements, il fallait qu'une autorité misérablement susceptible et odieusement tracassière, déployât l'appareil de la force au milieu des funérailles, troublât de pieux devoirs et s'exposât à répandre le sang des citoyens.

Cette nouvelle passa rapidement de la tête à l'extrémité du cortége. La vue de la gendarmerie en bataille et la connaissance présumée de ses intentions, fit taire la douleur, et remplit tout le monde d'indignation. Le convoi s'arrêta un instant pour serrer ses rangs. Il se remit aussitôt en marche et s'avança sans hésiter. Il y avait un sentiment unanime de juste colère contre cette intervention si peu méritée de la force militaire, et l'on paraissait animé de la volonté la plus ferme de ne pas lui céder et de se frayer un passage.

En approchant de la gendarmerie les deux colonnes du convoi s'étaient rapprochées. Quelques gendarmes se portant en avant, leur crièrent d'arrêter. Elles n'en firent rien et avancèrent toujours. Ces gendarmes se replièrent alors sur leur troupe et masquèrent leur état-major. Arrivés sous le poitrail de leurs chevaux, ceux qui tenaient la tête du cortége leur demandèrent de quel droit ils barraient ainsi le passage. — Nous avons des ordres, répondirent-ils. — Où sont vos officiers ? — Sur cette demande, plusieurs officiers, au nombre de dix environ, s'avancèrent sur deux lignes. Au milieu de la première ligne, était M. le comte de Saint-Germain, capitaine commandant du détachement. On lui répète la demande précédemment faite, de quel droit ses gendarmes arrêtaient ainsi le cortége. — J'ai des ordres, répondit-il. — De qui ? — Du préfet de police. — Montrez-les nous. — Il hésite : on insiste ; et, pendant que ce débat s'établit, quelques officiers proposent de se porter en avant : tandis que les autres engagent le capitaine à faire lire l'ordre. Il donne alors à un adjudant un billet mal écrit, qui portait pour titre : préfecture de police. L'officier en fit lecture, mais à voix basse, en se penchant sur son cheval et de manière à n'être entendu que d'un très-petit nombre : il pouvait à peine le déchiffrer. Une voix lui crie qu'il ne sait pas lire. — Comment, canaille, s'écrie-t-il en piquant son cheval et en faisant mine de charger ! on se jette sur lui ; on saisit la bride de son cheval, et ce n'est qu'après beaucoup d'injures échangées que l'on parvient à rétablir un peu de calme. La discussion recommence sur l'ordre donné par la préfecture de police. Cet ordre portait que si le convoi n'avait pas lieu dans les termes du réglement la troupe devait lui barrer le passage. Le cortége ne voulait pas souffrir qu'un nouveau corbillard traversât ses rangs, et reçût le cercueil qui était déjà placé sur un char funèbre. M. le comte de Saint Germain ne paraissait ni rassuré, ni résolu dans le parti qu'il avait à prendre ; des officiers derrière lui demandaient à marcher, promettant d'avoir bientôt fini ; d'autres mieux inspirés, proposaient un accommodement. Mais le chef restait toujours indécis, et les officiers même en apparence les plus violens n'étaient pas fâchés de son irrésolution. — Que voulez-vous donc faire, lui demanda quelqu'un du cortége ? — Exécuter mes ordres. — Vous voulez donc troubler le convoi ? nous avançons avec le commissaire de police dans un ordre qu'il est impossible de changer. Comment voulez-vous que nous nous fassions entendre de quarante mille personnes. — Que le corps soit placé dans un corbillard. — Il y est. — Mais vous le traînez. — Nous sommes avec des magistrats qui y ont consenti, nous ne le céderons pas ; que ferez-vous ? — Nous marcherons. — Vous nous sabrerez ! tant pis pour vous : attendez au moins le commissaire de police et M. Lafitte, que l'autorité elle-même a chargé d'interposer son influence en cas d'altercation. — Nous n'avons pas d'ordres à recevoir de ces messieurs ; nous avons celui du préfet. — Il y a une coupable imprudence et de la lâcheté à donner de la préfecture de police loin des lieux, des événements et du danger, un ordre pareil : si M. Delavau était ici, il renoncerait lui-même à l'exécuter. Rendez-lui compte de la résistance que nous opposons et de la position embarrassante où nous sommes. — Allez vous-même chez lui. — Nous ne le pouvons pas ; notre devoir nous retient ici : nous y resterons.

Le péril devenait imminent. Des conversations violentes s'établissaient sur le front du cortége. La force semblait seule pouvoir décider la question, lorsque le commissaire de police et un autre officier public qui se trouvaient auprès du char au commencement du débat, sont arrivés avec beaucoup de peine à travers les rangs serrés du convoi, jusqu'aux gendarmes. Ils expliquent l'un et l'autre à M. le comte de Saint-Germain tout ce qui s'est passé, louent la décente régularité du convoi, répondent de l'ordre, et le conjurent de se retirer. M. de Saint-Germain leur dit, d'une manière fort dure, qu'il a des ordres de M. Delavau, montre le billet qu'il a reçu de lui, et les invite à se soumettre à la volonté de leur supérieur.

M. Lafitte arriva sur ces entrefaites. Aux cris de la foule, et à la demande de tous ceux qui craignaient une indigne profanation et une charge sanglante, il avait quitté sa voiture, et, s'étant fait jour à travers

3

les flots de la multitude, il était parvenu jusqu'au commandant des gendarmes. Voyant les dispositions non équivoques de tant de citoyens indignés, l'énergie qu'il mettraient dans leur résistance, et les grands malheurs dont on était menacé, il pria le chef chargé de cette mission provocatrice, si les ordres qu'il avait reçus n'étaient pas absolus, de laisser achever tranquillement une cérémonie qui avait été jusque-là si paisible. Il ajouta qu'il allait adresser à la foule tumultueuse et animée des prières auxquelles elle ne céderait peut-être point, et que vraisemblablement elle ne pourrait pas même entendre, et il lui demanda s'il fallait s'attendre alors à voir verser le sang des citoyens. Un ricanement affirmatif fut sa réponse. — Les ordres partis d'un cabinet, dit alors vivement M. Lafitte, ne seraient sans doute pas les mêmes s'ils étaient donnés sur le théâtre des événements. S'il m'était permis, monsieur, de vous donner un conseil. — Je n'en recevrais pas. — C'est ce qui me prouve d'autant plus qu'ils vous seraient nécessaires; je vous dirais donc, monsieur, qu'il n'y aurait rien que de louable à demander de nouvelles instructions, en faisant connaître à M. le préfet de police la situation dangereuse où nous sommes. On est toujours à temps de verser le sang des citoyens, et tôt ou tard on se repent de prendre sur soi une responsabilité aussi terrible.

M. le comte de Saint-Germain continua à montrer la plus mauvaise volonté. Le débat s'envenimait de plus en plus : M. de Saint-Germain pouvait d'un mot disposer de la force, mais voyant tous les regards et tous les ressentiments dirigés sur lui, il hésita à le

faire. Il y avait heureusement à côté de lui des officiers sensés et humains. Un d'entre eux s'interposa, et
offrit le moyen d'une transaction. Il proposa d'atte-
ler deux chevaux à l'ancien corbillard. M. Lafitte
ayant demandé si dans le cas où cette mesure serait
acceptée, le nouveau corbillard et la troupe se reti-
reraient, la promesse formelle lui en fut faite ; il se
dirigea alors du côté du char, pour obtenir cette con-
cession de la multitude opiniâtre.

Pendant que tout cela se passait à la tête du cortége, ceux qui étaient au centre et qui entouraient le
char, restaient plus animés que les autres. Les cris
d'indignation s'y prolongeaient encore, et des réso-
lutions tumultueuses y étaient agitées. Au moment
où M. Lafitte y arriva, quelqu'un s'étant fait le re-
présentant des sentiments éprouvés autour de lui,
était monté sur le corbillard et ayant obtenu du silence, avait dit d'une voix forte et qui n'avait pas eu
de peine à se faire obéir : « Messieurs, puisque l'au-
» torité rétractant la promesse qu'elle avait faite, ne
» veut pas que nous rendions, ainsi que nous le vou-
» lons, les derniers devoirs à Manuel, ramenons-le
» à Maisons. » Sur-le-champ le corbillard avait été
retourné. Mais avant que la foule s'ouvrît devant lui
pour qu'il pût se remettre en marche, la gendarmerie de département avait fermé l'issue de ce côté, et
le cortége était cerné dans les deux sens par des trou-
pes en bataille.

M. Lafitte étant arrivé dans cet instant auprès du
corbillard, y monta, et il essaya de se faire entendre.
« Messieurs, dit-il, au milieu d'un tumulte assez dif-
» ficile à apaiser, lorsqu'au nom des parents et des

» amis de Manuel, j'ai sollicité et obtenu de conduire
.» ses restes à la place que nous leur avons choisie, elle
» nous a imposé l'obligation d'obéir à ses réglements.
» Nous avons accepté cette condition, nous devons
» nous y soumettre. Cependant la force publique, qui a
» cédé jusqu'ici à notre douloureux enthousiasme, nous
» somme maintenant de tenir notre parole. C'est en
» lui montrant une juste déférence que nous ferons
» respecter nos droits. J'ose espérer, messieurs, que
» vous donnerez cette dernière marque de respect à
» la mémoire de notre ami, et je vous demande pour
» moi-même ce témoignage d'une confiance que je
» crois avoir méritée. »

Ces paroles produisirent leur effet sur la partie
du cortége qui faisait face au cimetière et qui les
avait entendues. Mais il fallait gagner encore ceux
qui étaient de l'autre côté du char, et qui l'ayant retourné, étaient résolus et plus difficiles à convaincre.
M. Lafitte s'étant porté à l'autre extrémité du corbillard, leur parla à peu près dans les mêmes termes;
mais il les trouva moins prompts à se laisser fléchir.
Il les supplia long-temps au nom de la famille de
Manuel, au nom de ses amis qui partageaient ses
principes, qui avaient montré quelquefois son courage, et qui avaient aussi des droits à leur estime et à leur confiance, au nom des députés pré-
sents à cette triste cérémonie, qui auraient peut-être
à entretenir la Chambre, ou pour se défendre ou
pour accuser, selon les résultats qui pourraient sub-
venir, de ne point exposer les restes du grand citoyen
qu'ils voulaient honorer à une profanation, et de lui
donner un dernier témoignage de leur sincère dou-

leur par cet acte de condescendance. Il parvint enfin après beaucoup de peine à les persuader. Ils tournèrent le char funèbre, ouvrirent leurs rangs, laissèrent avancer les chevaux qui furent légèrement attachés au corbillard, et qui ne les empêchèrent point de le traîner respectueusement encore. Dès que les gendarmes virent les chevaux attelés ils laissèrent le chemin libre, ainsi qu'ils en avaient pris l'engagement. Cette scène qui aurait été si terrible sans l'ascendant de M. Lafitte et la déférence qu'on eut pour ses paroles, ne se termina point par une affreuse profanation et par d'épouvantables malheurs, comme l'avait fait craindre l'imprudence de l'autorité.

Le cortége se remit en marche dans le même ordre et le même silence qu'auparavant. Il arriva, sans avoir été troublé, vers quatre heures au cimetière du Père-Lachaise, où l'attendait depuis long-temps une foule immense. La scène changea alors avec le lieu. Le devoir que chacun s'était imposé de rendre Manuel à sa dernière demeure, sans souffrir qu'on souillât ses funérailles, allait être accompli. En entrant dans le cimetière on sembla avoir déposé les sentiments d'indignation et de mépris qu'avait soulevés l'intervention tracassière du pouvoir armé. De pieux saluts, des témoignages d'affection et de douleur, accueillirent MM. Lafitte, Béranger, Lafayette, Labbey de Pompières et Méchin, qui précédaient d'assez loin le char funèbre. La foule se pressa autour d'eux. Un grand nombre de jeunes gens forma alors une chaîne, leur ouvrit le passage, et les conduisit à grande peine jusqu'à la fosse, à travers les circuits de la colline qui était couverte de spectateurs, et qui ressemblait à un vaste amphithéâtre.

Le char funèbre, toujours suivi par la gendarmerie, arriva aussi au cimetière. Dès qu'il parvint à la porte, les jeunes gens dételèrent une seconde fois les chevaux et se mirent en devoir de le traîner encore. Un escadron de la gendarmerie de Paris se trouvait à peu de distance; l'officier qui le commandait voyant les chevaux dételés, fit ébranler sa troupe et lui ordonna une charge. Les gendarmes obéirent, mais lentement, et ceux qui traînaient le char funèbre le poussèrent avec rapidité dans l'enceinte du cimetière, espérant que la sainteté du lieu arrêterait la force armée. Le frère de Manuel qui suivait pieusement le corbillard, parvint avec peine, en montant dessus, à se soustraire aux atteintes des gendarmes, et voulant éviter un massacre et une profanation, il invita ceux qui étaient près de la porte, à fermer les deux battants sur les gendarmes. Elle le fut aussitôt, et lorsque le char arriva au pied de la montagne, la porte fut rouverte et la foule continua à y entrer. Les jeunes gens qui n'avaient cédé leur précieux fardeau qu'aux conseils d'une prudente amitié, le reprirent alors avec un religieux respect. Ils le portèrent jusqu'à la fosse préparée à Manuel près de celle où ils avaient porté naguère les restes de Foy; et, quand ils l'y déposèrent en y jettant des couronnes de chêne et d'immortelles, des larmes coulaient de tous les yeux.

M. Lafitte prit alors la parole et dit d'une voix attendrie :

« Les pertes de la France deviennent chaque jour

plus douloureuses. A peine la tombe de Foy est-elle fermée, que déjà la mort nous rappelle ici pour rendre nos derniers devoirs à Manuel.

» Manuel fut grand orateur et citoyen plus grand encore. Son amour de la patrie lui fit prévoir les maux qu'on nous préparait ; il eut le courage de les prédire, il ne fut arraché de la tribune que pour avoir eu ce courage.

» Depuis cette époque, nos suffrages auraient dû protester tous les ans contre la violation de la représentation nationale : ce grand acte de justice n'a point été fait, et cependant Manuel n'en aimait pas moins ses concitoyens. Il ne les accusa jamais, il ne cessa, au contraire, de s'occuper d'eux dans le silence de la retraite, de faire des vœux pour leur bonheur, et de se préparer par d'utiles travaux, à les défendre un jour avec plus d'éclat encore.

» Puisque nous ne pouvons plus le revoir à la tribune, vengeons-le du moins d'un oubli momentané par de longs et durables hommages : apprenons sur sa tombe à aimer la liberté, à la servir pour elle seule, à ne jamais désespérer d'elle.

» Adieu, Manuel ! Jouis en paix dans une autre vie de la récompense accordée aux hommes qui ont bien mérité de leurs semblables ! La France reconnaissante n'oubliera jamais tes vertus publiques ; mais si ce souvenir pouvait s'effacer, il en est un, celui de tes vertus privées, qui resterait ineffaçable dans le cœur des amis qui furent témoins du calme, de la force, et de la bonté de ton âme. Homme excellent et grand citoyen, tu ne cesseras jamais d'être pour nous un objet d'admiration et de regrets. »

Après ce discours qui a causé une émotion profonde, le général Lafayette s'est avancé sur le bord de la fosse et d'une voix grave et pénétrée il a prononcé ces mots :

« Vous venez d'entendre les touchants et patriotes accents de la douleur publique et de l'amitié personnelle ; pénétré des mêmes sentiments, c'est avec une vive émotion que j'approche de cette tombe prête à se refermer sur l'éloquent défenseur des libertés nationales. Ici, messieurs, je me vois entouré de monuments funèbres qui me rappellent de grandes afflictions, de grands souvenirs, de grands talents et d'illustres victimes : ici reposent deux honorables amis et collègues de Manuel, ce généreux et brave général Foy, également brillant dans les débats politiques et sur les champs de bataille, vrai modèle de l'honneur français; et ce franc et courageux Girardin qui à la Chambre des députés signala les violations d'une Charte royale, comme en 92, à l'assemblée législative, il défendait les lois constitutionnelles que la souveraineté du peuple français avait établies. Tous les trois nous les avons vus dans les discussions de la Chambre, se prêter un mutuel et patriotique appui. L'histoire conservera les souvenirs de la vie de Manuel, lorsque jeune encore, dans les prodigieuses campagnes de l'armée républicaine d'Italie, il était associé à la gloire immense du drapeau tricolore; lorsque depuis, à la crise des cent jours, dans notre Chambre des représentants, il conquit rapidement l'admiration, l'estime et la confiance générales : lorsqu'à la tribune de la Chambre des députés, il prononçait ces discours qui sont gravés dans la mémoire et dans le cœur de tous les patriotes. Mais qu'il me soit permis de m'arrêter sur cette journée du 4 mars, où la plus criante injustice qui ait jamais frappé de nullité une assemblée délibérante, fut commise contre lui, et où nous le vîmes si courageux, si calme, si fidèle à sa mission: journée non moins honorable pour la garde nationale de Paris, cette heureuse création de 89, toujours dévouée à la cause de la liberté, de l'égalité, de l'ordre public, et dont les admirables services, interrompus à trois époques remarquables, nous sont de sûrs garans de sa résurrection future, et d'un retour complet aux principes de son institution primitive. Il vous a été dit et tous les autres amis de Manuel vous attesteront que depuis le jour de sa retraite jusqu'au dernier jour de sa vie, il a souhaité, espéré, voulu fortement, comme il faut le vouloir, la liberté de sa patrie. Quant à nous, citoyens, c'est sur la tombe des fidèles serviteurs du peuple qu'il nous convient de nous pénétrer de plus en plus de notre respect, de notre dévouement pour ses droits imprescriptibles, et d'en faire le principal objet de nos plus vertueux, de nos plus énergiques désirs, le plus important de nos intérêts et le plus saint de nos devoirs. »

M. de Schonen, conseiller à la cour royale de Paris, est venu ensuite et a fait entendre d'une manière forte et solennelle ces énergique regrets.

(M.¹ de Schonen ne nous ayant pas communiqué son discours par écrit, nous ne pouvons en rapporter avec exactitude que les passages suivans.)

« Manuel !..... Avant le temps il faut donc nous sé-
parer ! tu tombes au milieu de ta force. Tu nous es
ravi au moment même où nous pouvions le plus
compter sur toi.

» Résignons-nous devant l'implacable destinée,
et que ta mort comme ta vie soit un exemple pour
nous.

» Que ton existence a été courte, mais qu'elle a été
pleine ! Tes jeunes ans furent donnés à la patrie
comme tes années plus mûres. Tu fus soldat de la
France libre, et sénateur, lorsque la tribune fut un
autre champ de bataille aussi glorieux et non moins
dangereux.

» Tes ennemis, les éternels ennemis de la France
ne te vainquirent jamais ! ils te proscrivirent, ne pou-
vant te répondre.....

» De ton expulsion, Manuel, date cette adminis-
tration !......

» .... Je m'arrête, le respect que je dois à la paix
des tombeaux ne permet pas à ma juste indignation
de la qualifier !......

» Confessons-le sur ta tombe ! La France entière
eût dû protester contre cet outrage par d'unanimes
réélections !..... Les nations comme les individus ont
malheureusement leurs moments de faiblesse ou d'a-
bandon, mais elles se réveillent. Il n'en serait plus
ainsi : répondez, citoyens ! (Ici l'orateur est interrompu par l'acclamation unanime, non, non, non !)
J'adjure cet immense cortége; les larmes, hélas, qui
s'échappent de tous les yeux, répondent assez qu'elles
ne sont point stériles !...... L'excès de nos maux a as-

suré notre salut, et de notre abaissement sortiront notre force et notre grandeur.

» Oui, nous nous releverons, nous en attestons tes mânes généreuses. (Oui, oui!)

» Tu as été le digne élu de la patrie, et nous n'en serons pas d'indignes enfants.

» Adieu, Manuel! adieu, grand citoyen, homme de bien, de cœur et de talent, admirable harmonie du plus noble caractère! adieu, ami simple et fidèle.

» Adieu pour jamais!.....

Vers six heures cette triste et grande cérémonie a été terminée. La foule s'est écoulée alors paisiblement et avec respect, après avoir rendu tous les devoirs à ce digne citoyen. Si quelque chose est capable d'apporter de l'adoucissement à sa perte, c'est la manifestation des regrets publics et le magnifique témoignage de tristesse et d'admiration qui lui a été donné. Quand le général Foy est mort, on ne connaissait plus depuis long-temps les obsèques nationales : on les a renouvelées pour lui. Avec la réapparition du peuple sur la scène des événements. ont eu lieu, après plus de trente ans de désuétude, des funérailles faites par le peuple à son premier défenseur mort. Un autre de ses défenseurs, plus énergique encore, vient de succomber, et le même concours, la même reconnaissance, la même douleur ont accompagné ses restes. Plus de cent mille personnes ont assisté à ses obsèques, et le cortége a été au moins aussi immense que celui qui assistait aux funérailles du général Foy.

Ce prodigieux cortége n'était composé que d'assistants, et il n'y avait pas un seul curieux. Pour s'y rendre on avait surmonté l'éloignement des lieux, le silence des journaux, et les empêchements du pouvoir. Combien n'eût-il pas été plus considérable encore, si les journaux avaient été libres ; si le lieu et le moment des funérailles avaient pu être annoncé ; si le bruit n'avait pas été répandu le matin même de l'inhumation que l'inhumation était déjà faite ; si les écoles de médecine et de droit n'avaient pas été déjà fermées ; si une grande partie des habitants de Paris n'était pas dans cette saison à la campagne ou en voyage, et si surtout le convoi avait pu pénétrer dans la ville et traverser, comme celui du général Foy, les boulevards intérieurs. Malgré ces obstacles les citoyens s'y sont portés en foule. Rien n'a pu déconcerter ou décourager leur zèle. Ils y sont allés avec courage, avec affliction, avec enthousiasme, animés de tous les sentiments que devait inspirer cette cérémonie lugubre et triomphale, ils y sont sont allés de tous les lieux, de toutes les classes : jeunes gens, anciens députés, ouvriers, hommes de lettres, marchands, artistes, étudiants. On remarquait confondus dans la foule d'anciens collègues de Manuel, MM. d'Argenson, Étienne et Lecarlier, des littérateurs recommandables, MM. Lemercier, Cousin, Jouy, Arnault père et fils, Rabbe ; d'éloquents avocats, MM. Barthe, Mérilhou, et le généreux Isambert, qui conduisait MM. Fabien et Bissette, dont il a fait prévaloir l'innocence, et qui étaient venus rendre hommage aussi à celui qui avait défendu en juin 1821, les hommes de couleur à la tribune.

Mais ce qui faisait le mérite de ce cortége, et ce

qui fait la gloire de celui qu'il était destiné à honorer, c'est que sa composition et son esprit étaient populaires. C'étaient là les funérailles qui convenaient à l'homme simple qui appartenait au peuple par sa naissance, par ses habitudes, par sa fortune, par ses principes. Aussi le peuple s'est souvenu de lui. Grâces lui en soient rendues! il est digne de la liberté, quand il sait regretter ainsi ses amis, et il est sûr, d'obtenir du dévouement quand il décerne d'aussi glorieuses récompenses à ceux qui lui en ont déjà montré. L'honneur de sa confiance et de son affliction est le plus grand et le plus beau de tous. Quoique depuis cinq ans Manuel ne fît plus entendre à un pouvoir audacieux et anti-national! ces énergiques paroles qui avaient fait de lui le défenseur le plus courageux et le plus véridique du pays quoique depuis cinq ans il parût abandonné par ses concitoyens qui ont la réputation d'être légers et ingrats. Il n'était point oublié. Son nom était resté dans le souvenir de ceux qui gardent la mémoire des services publics, qui sympathisent avec le courage, et qui honorent le dévouement. Le deuil du peuple qui était allé prendre Foy à la tribune, est allé chercher Manuel dans sa retraite.

Ces deux grands citoyens enlevés l'un et l'autre au milieu de leur carrière politique, confondus dans les mêmes regrets, doivent l'être dans la même reconnaissance. Une souscription nationale est dès ce moment ouverte pour élever à Manuel un monument digne de lui et du peuple qui le lui consacrera.

Les souscriptions sont reçues à Paris aux bureaux du Constitutionnel, du Courrier français, du Journal du Commerce et du Globe. On recevra les sous-criptions les plus modiques, afin que chacun puisse concourir à l'érection de ce monument national. Le montant des souscriptions sera versé chez M. La-fitte.

ÉLECTEURS DE PARIS ET DES DÉPARTEMENTS.

Vous auriez sans doute appelé à vous représenter dans les élections qui vont s'ouvrir, le digne citoyen que nous venons de perdre ; songez que la meilleure manière d'honorer sa mémoire et de venger l'outrage qu'on lui a fait, est de faire constater vos droits pour changer la majorité qui l'en exclut. Souvenez-vous de notre devise :

AIDE-TOI, LE CIEL T'AIDERA.